Garde Nationale de Paris.

1er Escadron.

1843

Garde Nationale de Paris.

Légion de Cavalerie.

1.ᴱᴿ ESCADRON.

1843.

Ordonnance du Roi
du 18 Janvier 1838.

Organisation de la Légion de Cavalerie de la Garde Nationale de Paris.

Louis-Philippe, Roi des Français,

À tous présents et avenir, salut.

Vu notre ordonnance du 28 Mai 1831, relative à l'organisation de la Légion de Cavalerie de la Garde nationale de Paris :

Considérant :

Que l'organisation de cette Légion exige des modifications devenues nécessaires;

Qu'il importe, d'ailleurs, de mettre les dispositions qui régissent la dite Légion, en harmonie avec la loi du 14 Juillet dernier, concernant la garde nationale du département de la Seine.

Sur le rapport de notre Ministre Secrétaire d'État au département de l'intérieur,

Nous avons ordonné et ordonnons ce qui suit :

Art. 1er. — La Légion de cavalerie de la Garde nationale de Paris, est divisée en six Escadrons qui se recruteront autant que possible, dans les Arrondissements affectés à chacun d'eux, par arrêté du Préfet de la Seine.

Art. 2 — Le maximum de l'effectif de chaque Escadron, officiers, sous-officiers et brigadiers compris, est fixé à deux cents hommes.

Ceux des escadrons actuels qui comptent plus de deux cents hommes, ne pourront recevoir de nouveaux gardes, que lorsque leur effectif se trouvera au-dessous de ce nombre.

Art. 3 — Chaque Escadron aura :

Officiers			Sous Officiers, Brigadiers, Gardes et Trompettes		
Capitaine-Commandant	1		Maréchal-des-Logis chefs	1	
Capitaine en Second	1		Maréchal des-Logis-fourrier	1	
Lieutenant en premier	1	6	Maréchaux des-Logis	8	194
Lieutenant en Second	1		Brigadiers	16	
Sous-Lieutenants	2		Gardes	166	
			Trompettes	2	

Art. 4 _____ Il y a deux Escadrons, un chef d'Escadron, un Adjudant-major et un adjudant Sous-Officier.

Art. 5 _____ L'État-Major de la Légion sera composé, ainsi qu'il suit :

Officiers	Colonel	1
	Lieutenant-Colonel	1
	Chefs d'Escadron	3
	Major	1
	Adjudans-Majors	3
	Capitaine-Trésorier	1
	Capitaine d'Armement	1
	Porte-Étendard	1
	Chirurgien-Major	1
	Chirurgiens-aides majors, dont un pour chaque Escadron	6
	Rapporteur près le Jury de révision, ayant rang de Capitaine	1
	Rapporteur adjoint près le Jury de révision, ayant rang de Lieutenant	1
	Rapporteur près le Conseil de discipline, ayant rang de Capitaine	1
	Rapporteur adjoint près le Conseil de discipline, ayant rang de Lieutenant	1
	Secrétaire près le Conseil de discipline, ayant rang de Lieutenant	1
	Secrétaire adjoint près le Conseil de discipline, ayant rang de Sous-Lieutenant	1

25

Sous-Officiers	Adjudans-Sous-Officiers	3
	Vétérinaire en chef	1
	Vétérinaires, dont un pour chaque Escadron	6
	Trompette-Major	1
	Trompette-Brigadier	1

12

Art. 6.

Art. 6 _______ L'uniforme, l'équipement et l'armement de la Légion de cavalerie seront réglés conformément au Tableau annexé à la présente ordonnance.

Art. 7 _______ Il sera formé pour la Légion de cavalerie de la garde nationale de Paris, un conseil de recensement présidé par le Préfet de la Seine.

Ce Conseil prononcera sur l'admission des citoyens qui se présenteraient pour entrer dans la cavalerie, et raiera des controles ceux qui ne réuniraient plus les conditions nécessaires pour ce service ; il se composera de douze membres pris en nombre égal dans chacun des six escadrons, et désigné par le Préfet, parmi les Officiers, Sous-Officiers, Brigadiers et délégués de la Légion, conformément au vœu de l'article 14 de la loi du 14 Juillet dernier.

Ce Conseil sera renouvelé par moitié tous les six mois.

Art. 8 _______ Tout citoyen qui désire être admis dans la légion de Cavalerie, doit préalablement : 1.º Justifier de la propriété d'un cheval ; 2.º Subir un examen à l'effet d'établir qu'il possède des connaissances suffisantes en équitation ; 3.º s'obliger à prendre part aux exercices et manœuvres de la légion, toutes les fois qu'il en sera requis.

Ces obligations seront l'objet d'un engagement signé du postulant, qui se soumettra dans le même acte à la radiation du controle s'il cessait de remplir les conditions de son admission.

Cet engagement sera joint à la Demande qui devra être par le postulant adressée au Préfet, comme président du Conseil de recensement.

Art. 9 _______ Nul citoyen ne peut être nommé aux grades qui sont à l'élection dans la légion de cavalerie, s'il n'est inscrit sur les controles de la Légion par décision du Conseil de recensement.

Art. 10 _______ Les difficultés et réclamations auxquelles pourraient donner lieu les élections, seront portées devant un Jury de révision composé conformément aux dispositions des lois du 22 Mars 1831 et 14 Juillet 1837, d'après une liste des Officiers, Sous-Officiers, Brigadiers et délégués de la Légion.

Ce Jury sera présidé par le juge de paix du 9.º Arrondissement, dont ressort le quartier de l'Hôtel-de-Ville, siège du conseil de recensement de la

Légion de Cavalerie.

Art. 11 ———— Sont et demeurent rapportées les dispositions de notre ordonnance du 28 Mai 1831, qui seraient contraires à la présente.

Notre Ministre Secrétaire d'État au Département de l'intérieur, est chargé de l'exécution de la présente ordonnance.

Donné au Palais des Tuileries, le 18 Janvier 1838.

Signé : Louis - Philippe.

Administration.

La ville de Paris alloue à la légion de Cavalerie une Somme assez considérable, mais toutefois insuffisante pour couvrir les Dépenses, malgré l'économie désirable ; il a donc été reconnu que la cotisation était indispensable pour parvenir à l'acquittement intégral des charges et frais d'administration intérieure. Il y a lieu d'observer que la somme déboursée annuellement par MM. les Gardes, n'est pas plus élevée que celle perçue dans les légions à pied.

Les Capitaines Commandants sont tenus de verser à chaque séance du Conseil de famille, le montant des cotisations trimestrielles de leur Escadron.

Aucun emploi de fonds, quelque soit son plus ou moins d'importance, ne peut être fait par le Trésorier de la Légion, sans une décision spéciale du Conseil, où chaque Escadron est représenté. La même disposition est appliquée aux sommes provenant des allocations de la Ville. (Règlement du 1er Janvier 1838)

Conseil de Famille.

Art. 1er ——— Indépendamment du Conseil d'administration, dont les attributions sont définies par les articles 80 et 81 de la loi du 22 mars, la légion délègue à un autre conseil, qui prend le titre de Conseil de famille, le soin de s'occuper et de régler toutes les dispositions qu'il jugera les plus convenables à l'amélioration du régime intérieur de la légion ; notamment d'assurer l'acquittement des dépenses que la législation prévoit, mais au paiement desquelles elle ne pourvoit pas.

Art. 2 ——— Pour l'acquit de ces dépenses, dont est question ci-après, la

Légion s'est imposée volontairement une cotisation annuelle, qu'elle a réglée et déterminée d'après les besoins de son service. Ainsi consentie, cette cotisation indispensable, comme le dit l'ordre du jour du 1er Janvier 1833, est devenue, pour tous les gardes nationaux de la Légion, un engagement d'honneur.

Art. 3 ____ Les membres du Conseil sont : le Colonel, président, un Chef-d'Escadron, les six Capitaines commandant les six Escadrons, et les six maréchaux-des-logis-chefs des dits escadrons ; le major de la légion remplit les fonctions de rapporteur, avec voix consultative.

Art. 4 ____ Les séances du Conseil de famille ont lieu régulièrement tous les trois mois, chez le colonel.

Art. 5 ____ Le procès-verbal de toutes les affaires dont le Conseil s'est occupé, ainsi que le résultat des décisions qu'elles ont amenées, est trans- -cis sur un registre spécial, et signé après lecture, à la séance suivante, par tous les membres du Conseil.

Art. 6 ____ A chaque séance, il est rendu compte du produit des cotisations payées par tous les gardes nationaux de la Légion : et on s'y entre- -tient de tout ce qui peut intéresser la légion et maintenir la régularité de sa tenue et le bon ordre de son service.

Art. 7 ____ A l'expiration de chaque année, le Conseil de Famille arrête le budget des recettes et dépenses à la charge de la légion

Art. 8 ____ Les recettes ordinaires se composent du produit des cotisations ; les recettes extraordinaires de la vente du fumier pendant l'année, et des vieux objets d'équipement.

Art. 9 ____ Les dépenses ordinaires, annuellement votées par le Conseil, ont pour objet :

1° Les appointements d'un Chef de musique.

2° La haute-paie du brigadier-trompette et douze trompettes.

3° Le solde de Six trompettes facteurs.

4° L'indemnité au timbalier et à deux musiciens.

5° La solde de deux palefreniers des Tuileries.

6°. La haute paie d'un palefrenier d'État-Major, et solde d'un deuxième.

7°. La solde d'un garçon de bureau et gratification.

8°. Gratifications diverses.

9°. Et enfin une indemnité à MM. les Majors, adjudants-majors, Chef de musique et secrétaire de la légion.

Art. 10 ——— Les dépenses imprévues ont pour objet : l'achat de chevaux pour l'État-Major de la légion et de ses trompettes, la location de chevaux lors de services extraordinaires, arrosement du manège d'Été, achats d'objets d'équipement, frais d'impression, assurance de mobilier, menus frais.

Art. 11 ——— Aucune dépense n'est allouée sans une décision spéciale de Conseil. Toutes les factures d'achat et notes de dépenses doivent être arrêtées par le Conseil, et restent à l'État-Major de la légion ; les comptes sont toujours appuyés de pièces justificatives.

Officiers supérieurs de la Légion.

Colonel .... M. le C.te de Montaliver	Porte-Étendard .... M. Barthélemy.
L.t Colonel ..... M.r l'Archer, ainé.	

Major .... M.r Viard.	

Chefs d'Esc.on	1.er 2.e	M.r Savalette.	Capitaines Commandants les 6 Escadrons	1.er M.r le M.is de Marmier.
	3.e 4.e	M.r Gautier.		2.e M.r Dittmer. 3.e M.r Dolfus. 4.e M.r Mainot.
	5.e 6.e	M.r de Vailly.		5.e M.r Polissard. 6.e M.r Nève.

Chirurgien Major de la Légion — M.r Puzin.

Adjudans-Majors.	Adjudans S.-Officiers.
M.r de Cheuville,	M.r Landozmy.
M.r Maulin.	M.r Thiboust
M.r Gory.	M.r Pierret

Liste nominative du 1er Escadron.

Arnoux.	Bernard.	Doré.
Ancelle.	Beauveau, de.	Digner.
Aumont.		Daga.
Aubert.	Cathrin.	Dupré de St. Maur.
Adeline.	Corbière, (la)	Duquesne.
Aaronson.	Cérémonie.	Duclusean.
	Coulange, de,	
Bouley, Père.	Contour, Mal.-des-logis	Ehrler.
Batifolier.	Caillier, idem	
Borday.	Cremieux, Eugène, Brigadier;	Farina, aîné
Blanchard.	Cheronet.	Farina, Pierre Joseph, Brigadier.
Ballery.	Caumartin.	Farjas.
Benedica, Zille.	Chamblein.	Frick.
Beruchem.	Colas, fils.	Fabre.
Barthelemy.	Ciceri.	Félix.
Border.		Franck, de,
Bocquet.	Dubois, Emile, S.-Lieutenant	Forget, de,
Bouler.	Douix, jeune.	Foacier.
Binder.	Delamare.	Frignet.
Berge, de la 3.	Doguereau.	
Bellu.	Doucet.	Gervais.
Brouquens, mal. des-logis-chef.	Dalleré.	Guillery.
Buquet, Mal. des Logis.	Dumont.	Guérin-René.
Bertolaci, Brigadier.	Desnoyers, Brigadier.	Guillard-d'Arcy.
Bayer, idem.	Duparc, Fouquet	Gossuin.
Bryard, antoine.	Defosse.	Gagné.
Bryard, Victor Nicolas.	Dechastelus.	Gabillot.
Benedica, Joseph.	Defrenne.	Gauthier.
Bellanger.	Despréaux, S.-Lieutenant.	Gillebrand, Brigadier.
Besson.	Ducléré, Mal. des logis	Guogné, de,
Burel.	Dupré de la Moussière.	Gouy.-darcy, de,
Bartholomot.	Désirabode, fils.	
Bouchère, la,	Duquesnel, Brigadier.	Halley.
Bricard.	Dufresne.	Hummel.
Benedica, Sylvain,	Duchesne.	Houllier, fils,
Bergerault.	Despinat.	Hallez.
Beaumont, de,	Dantier.	Carnier.
Bouley, fils.	Delarivière.	Huart.
Boivin.	Delabare.	Houllier, Thomas.
Bertin.	Douix, aîné,	Humann.

Javal - Lan , Fourrier ,
Jarry .
Jacqueminot .

Koeller .

Larnac .
Laurin .
Lassalle , de ,
Lavenay , de ,
Laroche , Jeanne de , Cap.ᵗᵉ en 2ᵉ.
Lamury , Brigadier
Lauzon , de , idem .
Latty , Lieutenant en 1ᵉʳ.
Lemoine - Bretel .
Lafaulotte .
Lescot .
Legrand de Villiers
Lacroix , Emile ,
Leture .
Lafontaine , de ,
Lyon .
Laurens .
Letellier .
Letellier (Henry.)
Laurendeau .
Lisle , de ,

Mamignard .
Mignon .
Maréchal , Brigadier ,

Martin , Brigadier ,
Molteni .
Moisant , adrien .
Monnier .
Marbot , de , alfred , M.ᵈ des logis .
Marmier , de , Cap.ᵗᵉ en 1ᵉʳ.
Marcotte .
Maison , Lieut.ᵗ en 2ᵉ.
Moisant , Alfred , Brigadier
Moisant , Eugène .
Mertian .
Marbot , de , Charles .

Noël , François .
Noël , Martial , Brigadier
Noirmond , de ,

Penenne .
Privat .
Préjan , le baron de ,
Pottier .
Piorry .
Pihan , M.ᵈ des logis .
Pedelaborde .
Prevost .
Pasquet .
Perthuis , (Léon de)
Poisson .

Roullin .
Resing .

Roche , fils Casimir
Rhoné , (Paul)
Raphaël .
Romand , de ,
Richard (adolphe)
Richard (louis)
Redon - de Beaupréau .

Saintard .
Stephen .
Strada , le Comte de ,
St Maixent , de ,
Saunier .
Salvador - Chery ,
Simonnet .
St Mars , de ,

Thierry .
Tripier .

Vesque .
Villate .
Vey , de ,
Vayson .
Villedieu de Torcy .
Vidie .
Vauthier .

Waller .
Welté .

— Chirurgien Aide - Major — M.ʳ Lefebvre ,
de Midi à 2 heures ,
Rue de la Michodière , N.° 18.

Trompettes .

Maor , rue de Chichy , 42 .
Morand , rue du Ponceau , 26 .
L'Imberger , É.ᵗᵗᵉ facteur , Rue des Fossés St G.ᵃⁱⁿ L'Aux.ᵒⁱˢ , 30 .

Sommaire sur le Service.

1° La Légion de Cavalerie se compose de six Escadrons, dont chaque effectif est limité à 198 Gardes et 2 Trompettes.

2° Chaque Escadron fournit, tous les six jours, un poste ainsi composé : 1 Officier, 1 Maréchal-des-Logis, 2 brigadiers, 12 gardes, 1 Trompette : Total 17 hommes.

3° En conséquence, chaque Escadron doit fournir 61 postes dans l'année pour le service ordinaire, tel qu'il est réglé maintenant, et non compris les services extraordinaires.

4° Ainsi, le service également réparti, déduction faite des éventualités auxquelles le chiffre de 200 hommes peut être soumis, on trouve la répartition suivante :

Officiers	13 gardes par an	
M^{aux}-des-Logis	8 idem.	Service
Brigadiers	8 idem.	ordinaire
Gardes	6 idem.	

5° Chaque service accompli par les gardes est immédiatement porté sur le contrôle tenu par le Maréchal-des-logis-chef et conforme au modèle suivant :

Noms.	Janvier.	Février.	Mars.	Avril.	Mai.	Juin.	Juillet.	Août.	Septembre.	Octobre.	Novembre.	Décembre.	Services extraordinaires.

Tableau indicatif des jours de services ordinaires du
1er Escadron,
pendant l'année 1843.

Janvier	Avril	Juillet	Octobre
Mardi 3	Lundi 3	Dimanche 2	Vendredi 6
Lundi 9	Dimanche 9	Samedi 8	Jeudi 12
Dimanche .. 15	Samedi 15	Vendredi 14	Mercredi 18
Samedi 21	Vendredi 21	Jeudi 20	Mardi 24
Vendredi ... 27	Jeudi 27	Mercredi ... 26	Lundi 30
Février	**Mai**	**Août**	**Novembre**
Jeudi 2	Mercredi 3	Mardi 1er	Dimanche ... 5
Mercredi 8	Mardi 9	Lundi 7	Samedi 11
Mardi 14	Lundi 15	Dimanche ... 13	Vendredi 17
Lundi 20	Dimanche .. 21	Samedi 19	Jeudi 23
Dimanche .. 26	Samedi 27	Vendredi 25	Mercredi ... 29
		Jeudi 31	
Mars	**Juin**	**Septembre**	**Décembre**
Samedi 4	Vendredi 2	Mercredi 6	Mardi 5
Vendredi ... 10	Jeudi 8	Mardi 12	Lundi 11
Jeudi 16	Mercredi ... 14	Lundi 18	Dimanche ... 17
Mercredi ... 22	Mardi 20	Dimanche .. 24	Samedi 23
Mardi 28	Lundi 26	Samedi 30	Vendredi 29

De la tenue du Cavalier.

L'Aspect militaire des Citoyens sous les armes, est une garantie incontestable d'ordre, de sécurité et de respect pour l'institution.

L'uniformité dans la tenue d'un corps spécial, est indispensable et fait essentiellement partie des obligations contractées par chacun des membres de la Légion de Cavalerie.

MM. les Gardes doivent donc veiller attentivement à toutes les parties de leur uniforme, en se conformant avec exactitude aux modèles présentés qui rappèlent les dispositions de l'Ordonnance royale du 18 Janvier 1838.

En conséquence, ils devront porter leurs soins sur les Détails suivants :

1°. Manière de porter la Coiffure militaire (les cheveux à la tête surtout.)

2°. Coupe du Kurka assez longue de taille pour que la Ceinture repose sur les hanches, Brides d'épaulettes en drap bleu, doublées d'écarlate.

3°. Les épaulettes carrément posées sur les épaules, ni trop en arrière, ni trop en avant.

4°. Les aiguillettes doivent être attachées du côté gauche, avec ordre, à chacun des boutons qui leur sont assignés.

5°. Les glands de la fourragère doivent être fixés au premier bouton du côté droit, la corde rejetée en arrière par-dessus l'épaule droite, doit revenir sous le bras gauche, puis être séparée en deux pour être passée autour du Col, le coulant de derrière serré, de même que celui du devant près du col, afin d'éviter que les deux brins se séparent et donnent un air de désordre.

6°. La ceinture doit descendre de manière à cacher les deux derniers boutons du devant du Kurka, et les olives qui attachent la ceinture, tournées sur le côté gauche ; la ceinture doit laisser à découvert les premiers boutons de la taille et reposer dessus.

7°. La Giberne, passée par-dessus la fourragère et retenue derrière au premier bouton de droite de la taille du Kurka, par une patte de cuir tenant au bouton de fermeture de la giberne.

8°. Le Ceinturon du sabre immédiatement placé au-dessous de la ceinture et agraffé sur le ventre, assez serré pour qu'il ne retombe pas sans cesse.

Tableau descriptif de l'Uniforme

Nature des objets	Gardes, Brigadiers et Maréchaux-des-Logis.	Sous-Lieutenants, Lieut. et Capitaines
	Habillement.	
Coiffure. Schabska	En drap bleu gaufré, sous-tache en rouge ; galon de laine rouge de 40 millim. de la largeur autour de la forme. Chaînette ou Jugulaire en plaqué, doublée de drap rouge ; rosettes festonnées, à tête de lion en plaqué, avec Coq gaulois doré en avant, plaque à rayons en plaqué et numérotées. Visière cerclée en plaqué. Couvre-nuque en cuir noir vernis.	Galon de la forme de 40 mill. en argent, sous-taches en argent. Galons de la visière et du couvre-nuque de 18 mill. accompagnés de sous-taches en dessus et en dessous.
Plumet.	Rouge, tombant, en grandes plumes de coq.	avec plumes blanches en haut.
Pompon.	En Cordonnet, forme sémi-sphérique. 1er escon Violet / 2me — Écarlate / 3me — Bleu de Ciel. / 4me — Jonquille / 5me — Vert. / 6me — Orange.	Cordonnet d'argent avec le chiffre 13 sur le fond de couleur d'escadron.
Kurtka. Corps de l'Habit.	En drap bleu ; revers bleus en laine de 175 mill. d'étendue de chaque côté, à partir de la couture du milieu jusqu'à l'extrémité de l'angle le plus développé ; en bas, de 40 mill. de chaque côté de la couture. Chaque patte formant trois angles, passe-poils écarlates, deux rangs de boutons sémi-sphériques plaqués en argent, de chacun sept, dont deux en haut formant la pointe du revers ; les deux dernier en bas sont plats. Passe-poils du dos écarlates, au bas et derrière la taille, dix boutons, dont quatre au rang supérieur, quatre à la partie inférieure, et deux au milieu. Au dessous du rang supérieur, franges en fil blanc, à graines, de 50 mill. ; retroussis écarlates ; brides d'épaulettes en drap bleu, à passe-poils rouges.	Frange de la taille en fil d'argent, brides d'épaulettes en argent.
Collet	Écarlate, ouvert de 80 millim.	

Nature des objets	Gardes, Brigadiers et Maréchaux-des-logis.	Sous-Lieutenants, Lieut et Capitaines.
Kurtka.		
Manches	Avec passe-poils, depuis la couture du dos jusqu'aux poignets ; parements écarlates à pointes, de 55 millim. sur les côtés, et 87 mill. à la pointe, bordés d'un passe-poil blanc et fermé de deux petits boutons. Les galons de distinction pour tous les grades comme dans l'armée.	
Col	En soie noire.	
Pantalon	En drap bleu avec bandes de drap écarlate, de 60 millim. de largeur.	
Bottes	Avec éperons en fer poli, à tige ronde et droite de 50 millim.	
Ceinture	En passementerie, de 81 mill. de largeur, couleur divisée en cinq raies, dont trois bleues, chacune de 15 mill. et deux rouges, chacune de 18 millim.	En galon rouge et argent.
Épaulettes	En fil blanc avec agraffes et ressorts, doublées et bordées en drap rouge. Le corps de 70 millim. au milieu, l'écusson de 192 mill. de longueur en dedans, et 78 mill. de largeur, non compris les tournantes. Trois tournantes façon suisse ; la frange de 10 cent. et à graine.	Les épaulettes, pour tous les grades, comme dans l'armée.
Fouragère	En fil blanc, de 2 mètres 50 cent. de longueur déployée, garnie de trois coulants & deux glands à poires, grappées et coquillées en points de milan ; franges à graines de 55 mill., le gland de la manchette de 42 millim, porte Mousqueton.	En argent.
Aiguillettes	En fil blanc sans tresses, de 7 mill. de diamètre, cordonnes en fil blanc, ferrets massés	En argent.

Nature des Objets.	Gardes, Brigadiers et Maréchaux-des-Logis.	Sous-Lieutenants, Lieut. et Capitaines.
	Equipement.	
Giberne.	Porte-Giberne en buffle blanc piqué, de 63 millim. de largeur, boucle, sabot, coulants et boutons en cuivre bruni, épinglette au milieu; coffret en cuir noir verni, côté en cuivre de 177 millim. de largeur, 90 millim. de hauteur, et 45 millim. d'épaisseur, avec le N°. 13, en cuivre sur le couvercle.	Porte-giberne, galon d'argent à filets rouges; coffret en cuir noir verni à baguettes dorées avec Coq gaulois et trophées de drapeaux.
Ceinturon.	En buffle blanc piqué, 42 millim. de largeur, à crochets serpentés en cuivre doré, bélières avec boucles unies.	En cuir noir verni; agraffes à tête de lion, dorées.
Dragonne.	En buffle blanc piqué, de 28 mill. de largeur.	
	Armement.	
Sabre.	Dit à la Montmorency, monture en cuivre doré.	La bosse en cuir noir; le Gland en or.

Petite Tenue.

Schabska recouvert de la coiffe en toile cirée. — Pompon, Fourragère, Épaulettes, Giberne, Ceinture, sabre avec Dragonne.

De l'Équipement du Cheval.

L'Équipement du cheval n'est pas moins essentiel dans tous ses détails, que la tenue du cavalier. Il demande également la plus grande exactitude, une excessive propreté et surtout une attention toute particulière de Messieurs les gardes, qui, toujours, s'en rapportent trop facilement à des mains étrangères.

Il est d'indispensable nécessité que M.M. les Gardes se rappellent d'abord, qu'aux termes de leur engagement ils doivent être propriétaires d'un cheval, propre au service ; l'équiper entièrement, et qu'ils ont adopté par cela même toutes les conséquences de l'arme spéciale dans laquelle ils ont voulu servir.

On ne saurait donc trop les engager à passer une revue scrupuleuse de leurs chevaux, toutes les fois qu'ils sont de service, afin de s'assurer par eux-mêmes s'il ne manque rien à leur équipement, si leurs chevaux sont bien ferrés ; si la selle est bien placée comme elle doit l'être ; si la croupière est assez longue et ne blesse pas le cheval, si la schabraque, la bride, le mors et les étriers sont propres et en bon état, enfin, si les trois courroies de charge sont attachées régulièrement au porte-manteau.

Manière de plier un manteau et de le placer sur son Cheval.

1º Étendre le manteau de toute sa grandeur ; 2º Étendre les manches en travers ; 3º Replier les côtés de la rotonde sur eux-mêmes, de manière à ce qu'ils ne dépassent pas la grandeur du corps du manteau ; 4º Replier sur lui-même le bas du manteau de toute la hauteur de la fente ; 5º le plier de chaque côté de manière à ce qu'il ne présente pas plus de longueur que six fois la main ; 6º Refaire un second pli par le bas qui doit former porte-feuille ; 7º Reprendre le manteau par le côté, le rouler le plus serré possible jusqu'au pli du porte-feuille dans lequel il doit entrer.

Le manteau ainsi plié se place à cheval sur les fontes des pistolets et doit être recouvert par la Chabraque. Deux petites courroies fixées à la selle, serviront à le maintenir.

Harnachement

Nature des Objets	Gardes, Brigadiers, Maréchaux-des-Logis.	Sous-Lieutenants. Lieut. Capitaines.
Selle	À la hussarde avec fontes en cuir, sangles en laine bleue, croupière et poitrail en cuir noir, plaque de	La croupière et le poitrail garnis en chaînette d'argent

Nature des Objets.	Gardes, Brigadiers et Maréchaux-des-Logis.	Sous-Lieutenants, Lieut. et Capitaines.
Selle.	fausse martingale ronde, plaquée à miroir avec coq doré au milieu ; trois courroies de charge en cuir noir, avec boucles en plaqué ; courroies de paquetage en cuir noir ; étrivières en cuir jaune avec coulants, étriers en fer poli.	La croupière et le poitrail garnis en chaînette d'argent.
Schabraque.	En drap bleu, bordée d'une bande de drap écarlate de 60 millim. de largeur ; siège en peau blanche de mouton, avec bordure festonnée en drap rouge.	Le siège en peau de mouton noire.
Porte-Manteau.	En drap bleu, de 47 centim. de longueur sur 13 de diamètre ; au fond, passe-poils et rosaces écarlates.	Le fond du porte-manteau garni d'un galon et d'un cordonnet en argent.
Surfaix	En laine bleue ; sangles bleues.	
Bride.	En cuir noir avec boucles en plaqué blanc, le dessus de tête garni d'une gourmette, les croisettes d'une plaque ronde en plaqué avec coq doré, la sous-gorge d'un croissant plaqué. Le mors en fer poli, branches à col de cygne, bossettes en cuivre à rosettes unies, cerclées.	Garnie en chaînette d'argent.
Filet	En cuir noir, boucles en plaqué ; mors en fer poli.	
Licol	En cuir noir garni en écarlate ; longe en cuir noir.	

Acte d'engagement.

Conformément à l'ordonnance du 18 Janvier 1838, chaque citoyen, pour entrer dans la légion, est tenu de signer un acte d'engagement par lequel il déclare, sur l'honneur, être propriétaire d'un cheval entièrement disponible pour le service ; et s'engage 1°. à entretenir et équiper ce cheval à ses frais ; 2°. à prendre part exactement aux exercices et manœuvres de la légion ; 3°. à payer la cotisation trimestrielle de trois francs ; se soumettant d'avance à être rayé des contrôles de la légion, dans le cas où il cesserait de satisfaire, soit aux conditions déterminées par ladite ordonnance, soit aux obligations qu'il s'impose par ledit acte, notamment après trois manquements successifs de service dûment constatés.

Le M^{al}. des Logis Chef de l'Esc^{on}.

Brouquen.

Le Capitaine Commandant le 1er. Escadron,

Mis de Marmier.

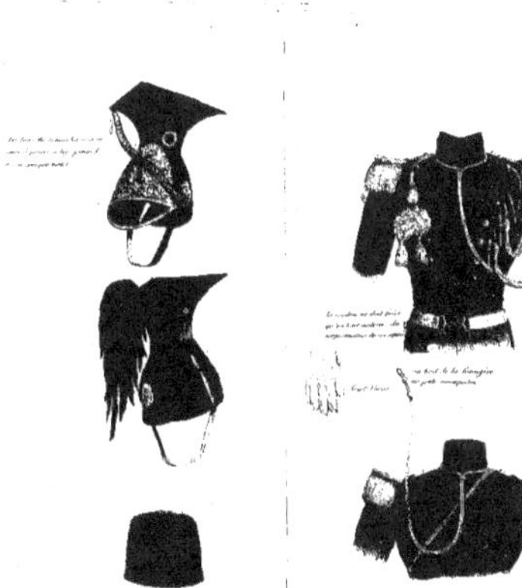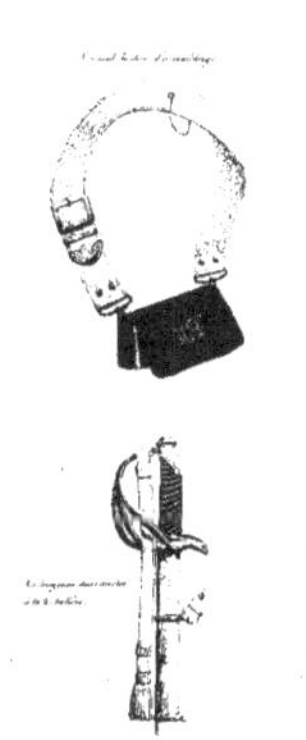